Domfassade mit
Schutzpatron
Hl. Mauritius

Blick auf
Dom und
Altstadt

Alter Markt mit Eulenspiegelbrunnen, Rathaus und Johanniskirche

Chorumgang
mit Grabmal
der Königin
Editha

Magdeburg kurz vor der Zerstörung von 1631

STADTGESCHICHTE

Im Jahre 805 bestimmte Kaiser Karl der Große „Magadoburg" zum Handelsplatz mit den Ostvölkern. Dort, wo eine Furt den Elbstrom passierbar machte, kreuzten sich internationale Land- wie Wasserwege.

Unter Heinrich I. behielt Magdeburg seine strategische Bedeutung. Von hier aus beherrschte der König die Elblinie und unternahm Vorstöße auf slawisches Gebiet, um es zu christianisieren.

Otto I., Grafik: W. Höpfner

Otto I., der ab 936 die ostelbische Politik seines Vaters fortsetzte, gilt als der eigentliche Begründer der Elbestadt. Er wie seine Frau Editha – die Magdeburg als Morgengabe erhielt und zu ihrem Lieblingsaufenthaltsort erkor – ließen aus dem karolingischen Kastell eine Pfalz, ähnlich der in Aachen, erwachsen.

Königin Editha bestimmte gar den Verlauf jener Mauer, die das künftige Magdeburg schützend umschließen sollte. In einer Sage heißt es, die Königin sei auf einen von Pferden gezogenen Wagen gestiegen und habe während der Fahrt festgelegt, in welcher Länge und Breite der steinerne Wall aufzurichten sei – wo Tore Ein- und Auslaß gewähren sollten.

Im Jahre 968 begründete Kaiser Otto I. das Erzbistum Magdeburg. In der immer bedeutungsvoller werdenden Stadt entwickelten sich Bildungsstätten, Handel wie Handwerk gleichermaßen. Bereits 1136 reichten die Wirtschaftsbeziehungen vom niederländischen Brügge bis zum russischen Nowgorod.

Nach der Dom- und Klosterschule erwarb in der Reformationszeit das Altstädtische Gymnasium hohes Ansehen.

Eben diese Stadtschule besuchte seit dem zehnten Lebensjahr Georg Philipp Telemann, der zum Komponisten par excellence des Barock werden sollte.

In der Elbregion wurde der Lutherische Gedanke frühzeitig aufgegriffen. Als eine der ersten Städte schloß sich Magdeburg dem Schmalkaldischen Bund an.

Dies beschwor die durch Kaiser Karl V. verhängte Reichsacht herauf. Aber trotz massiver Belagerung – 1550/51 durch Kurfürst Moritz von Sachsen und 1629 durch Wallenstein – wehte das protestantische Banner weiter auf den Zinnen der Elbestadt. Magdeburg erhielt dafür den Beinamen „Unseres Herrgotts Kanzlei“.

Georg Philipp Telemann
1681–1767

Martin Luther
1483–1546

Nachgestellter Versuch mit den berühmten Magdeburger Halbkugeln

Nachdem die Feste Magdeburg nahezu 700 Jahre lang jedem Ansturm mit steinerner Stirn getrotzt hatte, erstürmte in den frühen Morgenstunden des 10. Mai 1631 Generalissimus Tilly mit den kaiserlichen Heerscharen die Stadt.

Feuer, sich rasend schnell ausbreitend, ließ Magdeburg in Schutt und Asche sinken. Von 1 900 Häusern blieben 200 verschont. 20 000 von 30 000 Einwohnern fanden den Tod.

Nach zaghaften Versuchen, Magdeburg wieder aufzubauen, erlebte die Stadt ab 1700 eine neue Blütezeit. Barockbauten auf dem Breiten Weg (10) und am Domplatz (4) zeugen noch heute davon.

Im 18. Jh. avancierte Magdeburg zur stärksten Festung Preußens. Während des Siebenjährigen Krieges ließ Friedrich der Große – als Potsdam und Berlin in Gefahr standen, vom Feindesheer besetzt zu werden – Familie, Staatsschatz und Archive von der Spree an die Elbe bringen.

Jahrzehnte später – im Jahre 1807 – war Magdeburg keine Insel des Friedens mehr. Entgegen persönlicher Bitte von Königin Luise, überantwortete Napoleon Magdeburg dem neu gegründeten Königreich Westfalen. Erst als General Tauentzien im Jahre 1814 mit preußischen und russischen Truppen in die Elbestadt Einzug hielt, war die französische Fremdherrschaft beendet.

Königin Luise (1776–1810)

Magdeburg wurde Hauptstadt der Provinz Sachsen und entwikkelte sich zur Großstadt. Als im Jahre 1837 die Hamburg-Magdeburgische-Schiffahrts-Companie entstand und der erste Elbdampfer vom Stapel lief, brach endgültig die Epoche der Industrialisierung an.

Im Jahre 1945 wurde Magdeburg zum Angriffsziel der alliierten Luftwaffe. Nur 240 Sekunden nach dem Auslösen des Fliegeralarms brach am 16. Januar um 21.32 Uhr für die Magdeburger das Inferno los.

Tod- und zerstörungsbringende Bomben wie Brandsätze verwandelten die Altstadt innerhalb einer halben Stunde in ein Flammenmeer.

Magdeburg war nach Dresden und Köln die dritt zerstörteste Stadt Deutschlands. Ihre faszinierende Silhouette – geprägt von über dreißig Kirchtürmen – wurde mit wenigen Ausnahmen nicht wieder aufgebaut.

Altstadt nach dem Bombenangriff vom 16. Januar 1945

Sonnenuntergang
an der Elbe mit
Klosterkirche

1. HAUPTBAHNHOF

Das Empfangsgebäude des Magdeburger Hauptbahnhofes (1) entstand im Stil italienischer Hochrenaissance in den Jahren 1874 bis 1882 nach dem Entwurf des Baurates Otto Peters.

Der Standort war möglich geworden, da Carl Gustav Hasselbach – Oberbürgermeister von 1851 bis 1881 – dem Militär Gelände abkaufte, neue Straßenzüge entstehen ließ.

Bereits August Wilhelm Francke – Oberbürgermeister von 1817 bis 1848 – hatte im Mai 1835 seinen Staatsminister um die Genehmigung gebeten, zwischen Magdeburg und Leipzig einen Schienenstrang legen lassen zu dürfen.

Damit war er seiner Zeit weit voraus, denn die legendäre Eisenbahnfahrt zwischen Fürth und Nürnberg hatte noch nicht stattgefunden.

Die Genehmigung durch die Regierung wurde Francke zunächst nicht erteilt. Doch ungeachtet dessen, ließ der von der Zukunft der Eisenbahn überzeugte Magdeburger Oberbürgermeister den Verlauf der künftigen Strecke erkunden. Nur so war es möglich, daß der Zugverkehr zwischen Magdeburg und Schönebeck schon am 29. Juni 1839 aufgenommen werden konnte.

Ein Jahr darauf fuhren die Reisenden bis Leipzig, ab 1843 bis Halberstadt, 1845 bis Berlin,

1849 bis Wittenberge. Ab April 1847 verkehrte gar der erste deutsche Nachtexpress Deutschlands zwischen Berlin und Magdeburg.

Zu den frühen Benutzern der Magdeburger Bahn gehörten Andersen, Fontane, Raabe und Schlaf.

Von der damaligen Streckenführung, die sich in Elbufernähe befand, ist noch manches zu entdecken. Der Rest des Eisenbahntores der Magdeburger-Wittenberger Eisenbahn beispielsweise in der Nähe der Lukasklause (24) und der einstige Bahnhof Magdeburgs an der Elbuferpromenade in Höhe der Hubbrücke (30).

Bahnauskunft: 3 21 46
Auskunft Buslinienverkehr: 3 33 55
Taxi: 34 44 44

Erinnerungstuch an eine der ersten Eisenbahnfahrten

2. KULTURHISTORISCHES MUSEUM

Das Kulturhistorische Museum (2) wurde im Stil der Neurenaissance nach einem Plan des Wiener Architekten Friedrich Ohmann erbaut.

Gleich im Foyer steht die aus Sandstein geschlagene Originalfigurengruppe des „Magdeburger Reiters" – das erste freistehende Reiterstandbild nördlich der Alpen, geschaffen um 1240. Auf dem Alten Markt (16) befindet sich dessen Bronzekopie.

In den musealen Räumen wird nicht nur dokumentiert, daß Magdeburg Kreuzungspunkt uralter Handels- und Pilgerstraßen war. Altdeutsche und italienische Gemälde des 15. und 16. Jh., Niederländer des 17. Jh., eine Grafik-, Handzeichnungs-, Textil- und Münzsammlung gehören ebenso zum Bestand wie Möbel aus der Zeit der Spätgotik, Renaissance, des Klassizismus, Empire, Biedermeier und Jugendstil.

Des weiteren kann man sich mit den Experimenten des Magdeburger Bürgermeisters wie Universalgelehrten Otto von Guericke vertraut machen.

Nach 1945 mußte das als Kunstmuseum konzipierte Haus auch die kostbare Sammlung des zerstörten Naturkundemuseums aufnehmen.

Öffnungszeiten:
Di–So 10 bis 18 Uhr
Otto-von-Guericke-Str. 68–73
Tel. 3 26 45

Der Dom im
Festtagskleid

Zwei Törichte
Jungfrauen

3. DOM

Paradiespforte mit Klugen und Törichten Jungfrauen

Als im Jahre 968 durch Kaiser Otto I. das Erzbistum Magdeburg gegründet wurde, erwuchs aus der Kirche des Mauritiusklosters der erste Dom.

Beim Großfeuer von 1207 brannte auch dieses Gotteshaus nieder.

Über dreihundert Jahre zogen ins Land, bis das jetzige allbekannte Wahrzeichen Magdeburgs seine Türme gen Himmel reckte. Die Bauzeit des ersten gotischen Domes Deutschlands (3) – Grundsteinlegung 1209 – erstreckte sich bis 1520. Er steht unter dem Schutz des Hl. Mauritius und der Hl. Katharina.

Im lichthellen, von hohen Fenstern umschlossenen Innenraum lassen sich Plastiken aus verschiedenen Epochen finden.

Stellvertretend für all diese Kunstwerke seien die Heilig-Grab-Kapelle, die Klugen wie Törichten Jungfrauen und das Ehrenmal für die Gefallenen des 1. Weltkrieges von Ernst Barlach genannt.

Im Chorumgang – dem ältesten Bereich des Domes – sind die beiden bronzenen Grabplatten der Erzbischöfe Friedrich von Wettin († 1152) und Wichmann von Seeburg († 1192) zu sehen, die noch aus dem ottonischen Dom stammen. In der Scheitelkapelle steht die Tumba

Grablege Ottos des Großen

der am 26. Januar 946 verstorbenen Königin Editha – geschaffen an der Scheidemarke des 15. zum 16. Jahrhunderts.

Die letzte Ruhestatt Ottos des Großen befindet sich im Zentrum des Chores. Bedeckt wird des Kaisers Grabmal von einer Marmorplatte, die er möglicherweise selber aus Italien mitgebracht hat.

Viele jener Kostbarkeiten, die entsprechend seiner Weisung mit Fuhrwerken über die Alpen oder per Schiff auf dem Wasserwege nach Magdeburg transportiert worden sind, haben das Großfeuer überlebt und zieren seither den gotischen Dom.

Grabplatte des Erzbischofs Friedrich von Wettin

So die aus Marmor gefertigte Osterlichtsäule, der aus Rosenporphyr geschlagene und polierte Taufstein wie die Säulen und Kapitelle an der Chorumwandung wie im Remter.

Letztgenannter Raum, der zu den schönsten im Dombereich gehört, besteht aus einer zehnjochigen Halle. Den neun farbigen Säulen dienen die byzantinischen Kapitelle aus dem ottonischen Dom jetzt als Basen. Einer Theorie zufolge, soll dieses symbolhaft darauf hinweisen, daß der Magdeburger Dom auf urchristlichen Fundamenten errichtet sei.

Einen besonderen Schatz stellen die romanischen Figuren – zu Dreiergruppen zusammengefaßt – in der Marienkapelle dar. Sie gehörten zum Ambo (Lesepult) des ottonischen Domes. Als man im Jahre 1445 den heutigen Lettner errichtete, fanden die aus italienischem Marmor geschaffenen Seligpreisungen in der Marienkapelle einen würdigen Platz.

Vom Kreuzgang blieb nur der um 1170 erbaute Südflügel im Original erhalten. Der Westflügel wurde Mitte des 14. Jh. angelegt, der Ostflügel stammt aus der frühen Zeit des 13. Jh. und als der Nordflügel eingewölbt wurde, geschah dies bereits hochgotisch.

Die Hl. Katharina – Schutzpatronin des Doms

Öffnungszeiten:
Mo–Sa 10 bis 18 Uhr
So 11.30 bis 18 Uhr
Führungen:
Mo–Sa 10 und 14 Uhr
So und an kirchlichen Feiertagen
11.30 und 14 Uhr
Tel. 3 24 14

Barockhäuser am Domplatz

4. DOMPLATZ

Auf dem Domplatz (4) stoßen zwei barockene Häuserzeilen aufeinander, welche die Ost- und Nordfront des weitläufigen Platzes flankieren.

Erdacht worden ist dieses großzügige Ensemble – zu dem eine nicht mehr existierende Westseite gehört – von Fürst Leopold von Anhalt-Dessau, der 45 Jahre als Gouverneur in Magdeburg fungierte.

Vor dem Gebäude Nr. 2/3 stand der berühmte Palast Ottos des Großen. Die von 1959 bis 1968 ausgegrabenen Fundamente wurden wieder zugeschüttet.

An der Rückfront des Palais erinnern gotische Fenster daran, daß sich hier die St.-Gangolf-Kapelle befand.

Heißt es, das Palais Nr. 5 hat der Architekt Simonetti im Stil römischer Palazzi errichtet, so wartet das Haus Nr. 4 mit üppigem Figurenschmuck auf.

Die Palais Nr. 7–9 wurden von dem hochtalentierten Gerhard Cornelius Walrave zwischen 1724 und 1726 geschaffen.

Im Haus Numero 6, das später hinzugekommen ist, findet sich der heutige Landtag von Sachsen-Anhalt zu seinen Sitzungen ein.

Auf dem Fürstenwall

5. FÜRSTENWALL

Fürst Leopold von Anhalt-Dessau ließ um 1720 den Innenraum zwischen Festungswand und Stadtmauer auffüllen. Es entstand der *Fürstenwall* (5) – die erste öffentliche Promenade Deutschlands.

Zwei von fünf Festungstürmen haben die Zeiten überdauert. Präsentiert sich der eine noch als Ruine, so der andere in neu gewonnener Schönheit. Letzterer trägt den Namen „Kiek in de Köken“, weil der Wachposten von ihm aus Einblick in die erzbischöfliche Küche zu nehmen vermochte.

Als prominenteste Spaziergängerin auf dem Fürstenwall gilt noch heute Königin Luise. Sie war es, die Napoleon einst persönlich bat, Magdeburg nicht zu besetzen. Dennoch überantwortete der Franzose per Dekret die Elbestadt im Jahre 1807 seinem Bruder Jérome.

Zwischen östlicher Barockhäuserzeile des Domplatzes und dem Fürstenwall liegt der *Vogteigarten* (6). Dieser reizvolle kleine Park kann nur betreten werden, so man das älteste erhaltene *Stadttor* Magdeburgs (7) passiert. Es wurde ab 1493 von jenen benutzt, die zum nahe gelegenen Kloster Berge – die Stadt also in südlicher Richtung verlassen wollten.

Die Marienkirche
des Klosters

Im Kreuzgang des Klosters

6. KLOSTER UNSER LIEBEN FRAUEN

Das *Kloster Unser Lieben Frauen* (8) ist das älteste erhaltene Bauwerk der Stadt. Gegründet im Dezember 1015 durch Erzbischof Gero als Kollegiatstift, verwandelte es Erzbischof Norbert von Xanten im Jahre 1129 in das zweite Mutterkloster des von ihm gegründeten Prämonstratenserordens.

Heute ist das romanische Kloster Domizil der Musen. In der Marienkirche – umgestaltet zur Konzerthalle „Georg Philipp Telemann" – finden musikalische Veranstaltungen statt. Den architektonischen Rahmen für die Werke der bildenden Kunst stellt das Winterrefektorium dar, welches mit drei übereinanderliegenden Tonnengewölben allein schon ein Kleinod ist.

In der oberen Tonne erwarten den Besucher Plastiken aus dem 20. Jahrhundert, Holzskulpturen aus dem Mittelalter sind in der zweiten Tonne vereint. Wechselnde Ausstellungen finden in der dritten wie kleinsten Tonne und in der oberen Kreuzgangetage statt.

An Stelle des einstigen Sommerrefektoriums, welches zu den unersetzlichen Verlusten des letzten Krieges zählt, konnte sich das heutige Kloster-Café etablieren. Sein Zugang ist durch den Kreuzgang gegeben.

Eine Besonderheit dieses romanischen Kreuzganges ist, daß er sich nicht wie üblich an die sonnige Südseite der Kirche, sondern an deren schattige Nordseite schmiegt.

Ein wahres Juwel der romanischen Stilperiode stellt im nahezu gleichmäßigen Geviert des Kreuzgangs die Tonsur dar. Dieser Bau erhebt sich auf einem runden Grundriß (innerer Durchmesser 4,58 m) und gipfelt in einer aus Natursteinen errichteten kegelförmigen Dachkonstruktion.

Die Hochsäulige Kapelle, zwischen Chor und südlichem Kreuzgang gelegen, wurde im letzten Drittel des 12. Jh. geschaffen.

Hochsäulige Kapelle

Nur 7 m breit und 13,5 m lang, läßt sie mit ihren 2,76 m hohen Säulen bereits die Gotik erahnen.

Tonsur im Kreuzganggeviert

Seit dem Jahre 1974 ist im Kloster Unser Lieben Frauen eine Plastiksammlung angesiedelt. Man beschränkte sich zunächst auf Kleinplastiken, erweiterte indes im Oktober 1989 die Sammlung auch auf Großformatiges.

Jene Neuerwerbungen wurden größtenteils unter freiem Himmel rings um das Kloster bis hinunter zur Elbuferpromenade (26) aufgestellt.

Besonderes Augenmerk wurde im Klosterkomplex der Türgestaltung beigemessen. Neben der Eingangspforte – an der Adam und Eva auf amüsante Weise den Besucher begrüßen – gibt es vier weitere in Bronze gegossene Türen, geschaffen von Künstlern unseres Jahrhunderts.

Romanisches Portal mit Bronzetür von Waldemar Grzimek

Öffnungszeiten:
Di–So 10 bis 18 Uhr
Regierungsstraße 4/6
Tel. 3 37 41

Plastik im Freien

Blick vom Hasselbachplatz – dem größten Verkehrsknotenpunkt Magdeburgs – in Otto-von-Guericke-Straße und Breiter Weg

7. BREITER WEG

Galt den alten Römern der Bernstein als Gold des Nordens, so ward diese Kostbarkeit auf sogenannten Bernsteinstraßen von der unwirtlichen Küste in den sonnigen Süden transportiert.

Einer der Verbindungswege aus vorchristlichen Zeiten führte über jenen Siedlungsflecken, aus dem sich Jahrhunderte später Magdeburg herausbilden sollte.

Sozusagen von Hamburg aus konnte über Magdeburg, Augsburg, Verona und Venedig Rom erreicht werden. Und der Straßenabschnitt, der unmittelbar durch Magdeburg führte, erhielt den Namen – Breiter Weg.

Zwar ist dies nicht wissenschaftlich bewiesen, doch der Begriff „Breiter Weg“ führt weit in die Vergangenheit zurück.

Heute erstreckt sich die Magistrale der Landeshauptstadt mit einer Gesamtlänge von gut 2 200 Metern vom Hasselbachplatz bis zum Universitätsplatz.

Gründerzeitliche Häuserfassaden prägen das Bild um den *Hasselbachplatz* (9). Das einstige Flair des Breiten Weges – er war vor dem zweiten Weltkrieg die schönste Barockstraße Deutschlands – wird nur noch durch die Häuser mit den Nummern 178/179 (10) vermittelt.

Bereits Erzbischof Gero weihte um 1015 an der Stelle, wo heute die *Sebastiankirche* (11) ihre Türme gen Himmel reckt, eine Basilika. Das dreischiffige Langhaus von St. Sebastian wird von runden, viereckigen und achteckigen spätgotischen Säulen getragen. Seit 1949 ist St. Sebastian katholische Bischofskirche. In den Jahren 1982 bis 1991 wurde sie umfassend restauriert. Dabei erhielt das Westportal eine reich verzierte Bronzetür, deren Außenseite der Bildhauer Jürgen Subert mit Motiven des Alten-, die Innenseite mit Motiven des Neuen Testamentes gestaltete. Die farbigen Fenster des Chores und den Altar entwarf Alois Plum. Das Chorgestühl wurde von den Gebrüdern Winkelmann mit geschnitzten Reliefs verkleidet. Diese berichten über das frühe kirchliche Leben Magdeburgs – so über die heiliggesprochenen Erzbischöfe Adalbert und Norbert.

Letzterer wurde 1982 zum Patron des Bischöflichen Amtes erhoben. Seit 1991 befindet sich im Altar von St. Sebastian eine Reliquie des Hl. Norbert.

Fotos rechts:
Romanische Türme von St. Sebastian

Blick in Kircheninneres

Westportal mit Bronzetür von Jürgen Subert

Einzig erhalten gebliebene Barockhäuser auf dem Breiten Weg, der einst als schönste Barockstraße Deutschlands galt

Hauptpostamt

Das *Hauptpostamt* (12) – erbaut 1895 bis 1899 – präsentiert sich zum Breiten Weg hin mit schmuckreicher Fassade, die an den Stil niederländischer Spätgotik erinnern soll.

An der Hinterfront dagegen lebt das sogenannte Roch'sche Haus – ein Renaissancebau aus dem Jahre 1595, welcher der Hauptpost weichen mußte – als Kopie weiter.

Steuben-Gedenkplakette

Auf die Deutschreformierte Kirche, die auf gleicher Höhe beheimatet war, weist eine Plakette hin. Sie wurde zu Ehren Friedrich Wilhelms von Steuben angebracht, der hier getauft worden ist. Steuben, in Amerika hoch geehrt, trat 1778 in die Armee der USA ein und fungierte zeitweilig sogar als Generalstabschef Washingtons.

Die *Leiterstraße* (13) – im Jahre 1263 erstmals urkundlich erwähnt – gehört zu den ältesten Straßenzügen der Stadt, wovon allerdings nichts mehr zu spüren ist. Sie stellte zwischen der Altstadt der Bürger und dem erzbischöflichen Territorium – der Domfreiheit – die Grenzlinie dar. In vergangenen Jahrhunderten wurde der Breite Weg hier sogar mit Eisenketten abgeriegelt.

Zwei Atlanten, die einst das Schloßcafé auf dem Breiten Weg schmückten, weisen heute den Weg in die Leiterstraße.

Im Innenhof der autoverkehrsfreien Zone zieht ein riesiger bronzener Badezuber – geschaffen von Heinrich Apel – den Blick auf sich. Sein Durchmesser beträgt 3,40 Meter. Faune treiben auf seinem Rand ihr Spiel.

Atlanten am Schloßcafé

Detail des Faunbrunnens

Nordabschnitt Breiter Weg

Thoravorhang (ehem. Synagoge)

Der Nordabschnitt des *Breiten Weges* ist als Flanier- und Shoppingmeile den Fußgängern vorbehalten.

Zwar ist er geprägt durch eher fade Neubauten, doch sorgen Springbrunnen unterschiedlicher Art und farbenfrohe Blumenrabatten für Abwechslung.

In Höhe der Julius-Bremer-Straße erinnert seit dem 9. November 1988 ein *Denkmal* (14) – geschaffen von Josef Bzok – daran, daß sich hier die Synagoge der jüdischen Gemeinde befand.

Bronzeplastik von Heinrich Apel

Den nördlichen Abschluß des Breiten Weges bildet das 1907 eröffnete „Zentral-*Theater*“, das heute den Namen *Maxim Gorki's* trägt (15).

Postkarte vom Zentraltheater

Einst war Magdeburg eine theaterreiche Stadt. Bereits im Jahre 1796 schlug die Stunde des „Magdeburger Nationaltheaters“, 1860 öffnete das „Viktoriatheater“ seine Pforten, 1864 das „Wilhelm Theater“, zwischen 1873/76 entstand das „Stadttheater“.

Im Jahre 1836 brachte in Magdeburg Richard Wagner seine Oper „Das Liebesverbot“ zur Uraufführung.

Wer in der Landeshauptstadt Sachsen-Anhalts heute Theaterleute live erleben möchte, hat die Wahl zwischen den Freien-Kammerspielen, dem Maxim-Gorki-Theater, dem Puppentheater und dem Kabarett „Die Kugelblitze“.

Blick auf Rathaus

8. ALTER MARKT

Während sich um Pfalz und Dom das Regierungsviertel des Erzbistums etablierte, wuchs im Schutze der Markgrafenburg die kaufmännische Siedlung heran (16).

Die Baugeschichte des *Rathauses* reicht bis ins 12. Jh. zurück. Nach dem Dreißigjährigen Krieg

Reiterstandbild Ottos des Großen

mußten die Bürger Jahrzehnte ohne eigentliches Rathaus auskommen. Erst 1691 begann Festungsbaumeister Heinrich Schmutz mit einem Neubau. Er schuf einen Prachtbau im Stil der italienischen Renaissance, von dem die Westfassade erhalten blieb.

Im zweiten Weltkrieg stark in Mitleidenschaft gezogen, wurde das Rathaus in mühevoller Kleinarbeit restauriert. Heute ist es wieder Sitz der Stadtregierung.

Rund um den Alten Markt erzählen Denkmale Stadtgeschichte. Das berühmteste von ihnen, der *Magdeburger Reiter* – um 1240 geschaffen – war Symbol für die Bürger, allein dem Kaiser Untertan zu sein und nicht dem Erzbischof. Seit altersher hat Otto I. daher seinen Platz unmittelbar vor der Rathauspforte.

Ein *Eulenspiegel-Brunnen* erinnert an den Helden aus dem Volksbuch, der den Magdeburgern zu versichern wußte, wie ein Vogel vom Rathausdach herunterfliegen zu können.

Daneben sind *Hauszeichen* von zerstörten Bauwerken Magdeburgs zu sehen.

Zu Füßen des größten Magdeburger Sohnes – *Otto von Guericke* –, der nach dem Dreißigjährigen Krieg drei Jahrzehnte die Geschicke der Stadt lenkte, liegen die weltbekannten Magdeburger Halbkugeln (17). Aneinandergefügt und luftleer gepumpt, vermochten es 16 Pferde nicht, sie auseinanderzureißen.

Von *Doktor Eisenbarth*, der in Magdeburg als Chirurg auf dem Marktplatz praktizierte und im Jahre 1703 das Haus „Zum Gülden Apfel“ erwarb, erzählen die Reliefs rund um den ihm zu Ehren aufgestellten Brunnen (18).

Till Eulenspiegel

Otto-von-Guericke-Denkmal

Johanniskirche

9. JOHANNISKIRCHE

Am Alten Markt wurde im Jahre 1170 die romanische Volks- und Marktkirche dem Evangelisten Johannes geweiht. Schon 1207 wurde sie Opfer eines Großfeuers.

Das wiederaufgebaute Gotteshaus brannte 1451 infolge Blitzschlages erneut ab. Spenden ermöglichten es, daß sich die Kirche wieder erhob.

Auch dieser Sakralbau fiel im Schicksalsjahr 1631 in Schutt und Asche. Doch am 1. Advent 1670 konnte die Johanniskirche (19) wiederum geweiht werden.

Seit Ende des zweiten Weltkrieges ragt von St. Johannis neben den Doppeltürmen und der filigranen Vorhalle nur noch das äußere Mauerwerk gen Himmel.

Eingangsportal (rechts)
Blick in die 1992 freigelegte historische Unterkirche

Die restaurierte Vorhalle fungiert seit 1979 als Ausstellungsstätte und 1989 fand hier die Plastik „Trauernde Magdeburg" einen würdigen Platz.

1991 wurde ein Kuratorium für den Wiederaufbau der Johanniskirche – dieses steinernen Geschichtsbuches – gegründet. Namen wie Alemann, Guericke, Eisenbarth, Luther, Rolle, Immermann, List sind mit der Vita der Johanniskirche eng verbunden.

Der Südturm von St. Johannis kann bestiegen werden.

Jakobstraße
Öffnungszeiten:
Mi–So 10 bis 17 Uhr

Epitaph in der Kirchenruine

Blutappelsine

Fliejentutenheinrich

Feuerkäwer

Stadtbekannte Typen verewigte Eberh. Roßdeutscher (1921–1980)

10. MAGDEBURGER ORIGINALE

Blutappelsine harrte sommers wie winters hinter ihrem Stand am Alten Markt aus. Dabei leuchteten die Wangen der rundlichen Marktfrau wie jene Orangensorte, die vor ihr im Korb lag.

Fliejentutenheinrich zog quer durch die Stadt, um seine eigenwillig geformten Fliegenfänger an den Mann zu bringen.

Vom *Feuerkäwer* wußten Eingeweihte, daß in ihrem kleinen Tabakladen mehr als nur blauer Dunst zu haben war. Die Frau mit dem flammend roten Haar mochte die Siesta nicht gern allein verbringen.

an der Stadtmauer (20)
in Kalkstein

Lusebenecke

Schlackaffe

Affenvater

Lusebenecke und seinem Hund ging ein jeder möglichst aus dem Wege. Denn, was beide wohl am meisten verband, das war die Scheu vor dem Wasser.

Schlackaffe ging hin und wieder den Elbfischern zur Hand, wenn sie ihren Fang an Land brachten. Sie entlohnten ihn dafür mit Fischen, die er prompt in den sackartigen Taschen seiner Joppe verstaute. Daß diese dadurch regelrecht verschlackten, störte den Tippelbruder wenig.

Affenvater wurde ein Leierkastenmann genannt, der von Hinterhof zu Hinterhof wanderte und dort aufspielte. Zur Freude der Kinder sorgte ein Äffchen zusätzlich für Kurzweil.

11. KIRCHEN-ENSEMBLE

Sankt Petri – hier wirkte Pfarrer J. Pomarius, der 1588 die „Chronik der Sachsen und Niedersachsen" schrieb

Nicht nur Rom ward auf sieben Hügeln erbaut. Die sieben Berge, die sich nahe des Elbufers erheben, boten Schutz vor den anschwellenden Fluten des Flusses wie vor Feinden.

Daher ist diese Kette von Bergen seit altersher bebaut. Und insbesondere die Kirchen haben die Silhouette der Stadt – so man von Osten her kommt – zu einer unverwechselbaren gemacht.

So erhebt sich auf dem Johannisberg St. Johannis (19), am Fuße des Magdalenenberges, auf dem sich einst das Magdalenenkloster befand, steht jene Fronleichnamskapelle, die den Namen Magdalenas übertragen bekam, der Petriberg trägt St. Petri und auf dem Wallonerberg thront die Wallonerkirche. Faßlochs-, Tannen- und Tränsberg sind Wohnbauten vorbehalten.

Sankt Petri (22) wartet mit früher Romanik und später Gotik auf. Es wird angenommen, daß der Turm um 1150 erbaut worden ist. Das geräumige Langhaus wurde ab 1380 als dreischiffiger Hallenbau angefügt.

An der Südseite der Petrikirche entstand um 1480 eine backsteinerne Vorhalle, deren Baumeister in Stendal oder Tangermünde beheimatet gewesen sein müssen. Für die Fenster schuf im Jahre 1970 Charles Crodel wahre Teppiche aus farbigem Glas.

Am 22. November 1970 wurde St. Petri als katholische Gemeindekirche geweiht.

Öffnungszeiten:
Täglich 9 Uhr bis zur Dunkelheit

Inmitten großstädtischer Hektik stellt die *Magdalenenkapelle* (21) einen Ort der Stille und Besinnung dar. Im Jahre 1315 zur Sühne eines Hostiendiebstahles gestiftet, besticht die Fronleichnamskapelle bis auf den heutigen Tag mit dem grazilen Maßwerk ihrer fünf hohen Chorfenster.

Öffnungszeiten:
Täglich 10 bis 19 Uhr

Die *Wallonerkriche* (23) hieß einst St. Augustini, da sie zum 1285 gegründeten Augustinerkloster gehörte. Als sich 1686 etwa 2 500 Hugenotten, Pfälzer und Wallonen auf Geheiß des Großen Kurfürsten in Magdeburg niederlassen durften, überantwortete Kurfürst Friedrich III. den Wallonen die stark beschädigte Kirche. Seither trägt sie deren Namen und gehört heute der evangelischreformierten Gemeinde.

Seit 1950 hat auch die evangelische Altstadtgemeinde hier ihr Domizil.

Die Wallonerkirche ist infolge der Kriegsschäden momentan nur teilweise nutzbar.

Öffnungszeiten:
Nach tel. Absprache: 55 39 96

Magdalenenkapelle

Turm der Walloner Kirche

Historische Stadtmauer mit Lukasklause im Hintergrund

12. ELBUFER

Seit 1974 ist die Elbuferpromenade vielbesuchtes Fußgängerparadies. Sie beginnt bei der *Lukasklause* (24) – wo sich der wohl kompletteste Abschnitt der Stadtmauer befindet.

Hier drang 1631 Tilly in die Festung ein, in dessen Folge Magdeburg nahezu total zerstört wurde.

In den Räumlichkeiten der Lukasklause werden wechselnde Ausstellungen gezeigt.

Öffnungszeiten:
Di–So 10 bis 18 Uhr

In Stadtmauernähe steht auf zweirädriger Lafette der Nachguß eines bronzenen Geschützes, welches die Magdeburger 1669 ihrem neuen Landesherrn – Kurfürst Friedrich Wilhelm I. von Brandenburg – als Huldigungsgeschenk übergaben.

Die Elbuferpromenade verläuft flußaufwärts, führt an den *Schiffsanlegestellen* (25) und der *Fußgängerbrücke* vorbei. Sie endet erst einige Kilometer weiter im Kloster-Berge-Garten.

Bäume, Sträucher, Blumenrabatten, *Springbrunnen* und *Plastiken* (26) sorgen für Kurzweil. So erinnert der *Fährmann* nicht nur an seinen Berufsstand, sondern fünf Reliefs – die ihm zur Seite gestellt sind – gewähren Einblick in die Geschichte der Elbestadt.

13. STADTPARK ROTEHORN

Weiße Brücken führen auf die Marieninsel

Dort, wo zu Zeiten der Sagen die Wassergöttin Elwine ihr korallenrotes Muschelhorn ablegte, liegt die Elbinsel Rotehorn.

Vor über 100 Jahren avancierte sie zum Stadtpark. Den Mittelpunkt bildet der *Adolf-Mittag-See* (27), der mit Ruderbooten befahren werden kann. Inmitten dieses künstlich angelegten Gewässers liegt die *Marieninsel,* auf der ein Jugendstiltempel zum Verweilen einlädt.

Im Jahre 1927 wurden anläßlich der „Deutschen Theaterausstellung“ die *Stadthalle* und der 60 m hohe *Aussichtsturm* (28) errichtet. Vom Turm eröffnet sich ein herrlicher Panoramablick über Insel wie Stadt.

Beim Elbkilometer 325 heißt die *Württemberg* (29) ihre Gäste willkommen. Der Seitenradschleppdampfer, der im Jahre 1909 vom Stapel lief, hat hier seine wohlverdiente Ruhe gefunden. Das heutige Museumsschiff birgt unter Deck eine Gaststätte.

Die *Hubbrücke* (30) gehört zu den ältesten Spezialbrücken Europas. Binnen fünf Minuten kann das 90 m lange Hubbrükkensegment auf 2,87 m angehoben werden. Die Brücke darf – so kein Zug im Anrollen ist – von Fußgängern benutzt werden.

14. INFORMATIONEN

Vorwahl Magdeburg: 0391

Fremdenverkehrsbüro
- magdeburg information
  Alter Markt 9
  Incoming
  Stadtführungen,
  Information und
  Kartenvorverkauf,
  Tel. 5 41 47 94
  Zimmervermittl., Tel. 5 41 47 04
  Fax: 5 41 48 30
  Mo–Fr 10 bis 18 Uhr
  Sa 10 bis 13 Uhr

Parkanlagen
- Herrenkrug mit Magdeburger Rennwiesen
- Vogelsang mit Zoologischem Garten
  Am Vogelgesang 12
  Tel. 27 82 19
  Öffn.: Täglich,
  Mai–Sept. 8 bis 19 Uhr
  Okt.–April 8 Uhr bis Einbruch der Dunkelheit
- Kloster-Berge-Garten mit Gewächshäusern
  Schönebecker Straße 129 B
  Tel. 4 29 10
  Öffn.:
  Sommer Di–So 9 bis 16 Uhr
  Winter Di–So 9 bis 17 Uhr
- Geschwister-Scholl-Park
  Walter-Rathenau-Straße
- Park am Wall, Hegelstraße
- Nordpark, Hohepforte Straße
- Stadtpark Rotehorn

Museen
- Kloster Unser Lieben Frauen
  Regierungsstraße 4/6
  Tel. 5 41 47 22
  Öffn.: Di–So 10 bis 18 Uhr
- Kulturhistorisches Museum
  Otto-von-Guericke-Str. 68–73
  Tel. 3 26 45
  Öffn.: Mi–So 10 bis 17 Uhr
- Johanniskirche
  Jakobstraße
  Öffn.: Mi–So 10 bis 17 Uhr
- Schiffsmuseum im Stadtpark Rotehorn
- Lukasklause
  Schleinufer 1
  Tel. 55 13 97
  Öffn.: Di - So 10 bis 18 Uhr
- Schulmuseum
  Leipziger Straße 46
  Tel. 61 63 28
  Besuch nur nach Anmeldung
- Literaturhaus, Thiemstraße 7
  Tel. 4 49 95
  Öffn.: Mo - Fr 9 bis 17 Uhr
- Gedenkstätte der Opfer des Stalinismus in Sachsen-Anhalt
  Umfassungsstraße 76
  (Am Moritzplatz)
  Tel. 22 25 92
  Besuch nur nach Anmeldung
- Zentrum für Telemann-Pflege und -Forschung
  Liebigstraße 10
  Öffn.: Mo–Fr 10 bis 15 Uhr
  und nach tel. Anmeldung

Kirchen

DOM
Domküsterei Remtergang 2,
Telefon 3 24 14
Mo–Sa 10 bis 18 Uhr
So und an kirchlichen Feiertagen
11.30 bis 18 Uhr
Führungen: Mo–Sa jeweils
10 und 14 Uhr, So nach dem
Gottesdienst ca. 11.30 und
14 Uhr, Dauer: 1 Stunde

SANKT SEBASTIAN
Propsteipfarramt Sankt Sebastian, M.-J.-Metzger-Straße 1 a,
Telefon 3 08 31
Mo–Sa 7 bis 18 Uhr,
Do 7 bis 19 Uhr

SANKT JOHANNIS
Jakobstraße/Johannisbergstraße
Mi–So 10 bis 17 Uhr
Turmbesteigung möglich

SANKT MAGDALENENKAPELLE
unterhalb der Petrikirche
täglich 10 bis 19 Uhr

SANKT PETRI
Neustädter Str. 1 a, Tel. 55 16 51
tägl. 9 Uhr bis zur Dunkelheit,
Sa 14 Uhr Führung

WALLONER KIRCHE
Neustädter Straße 6,
Besuch nach telefonischer
Absprache, Tel. 55 39 96
Bürozeiten: Di 9–12/15–18,
Do 15–17, Fr 9–12 Uhr

Magdeburger Antiquariat
Leibnizstraße 21, Tel. 3 29 02

Galerien
- Verkaufsgalerie
  Regierungsstraße 4/6
  Tel.: 34 48 00
  Di–So 11 bis 18 Uhr
- Das grüne Ei
  Schmuckunikate
  Rottersdorfer Straße 7
  Tel.: 4 40 70
  Mo–Fr 10 bis 18 Uhr
  Sa 10 bis 14 Uhr

Stadtbibliothek
„Wilhelm Weitling“
Weitlingstraße 1 a, Tel.: 55 15 31

Theater und Konzerte
- Theater der Landeshauptstadt Universitäts-/Jerichower Platz Tel. 55 18 35
- Freie Kammerspiele Otto-von-Guericke-Straße 64 Tel. 5 98 80
- Puppentheater Warschauer Straße 25 Tel. 4 24 29
- Kabarett „Die Kugelblitze“ Breiter Weg 200 Tel. 3 39 56
- Konzerthalle „G. Ph. Telemann“ im Kloster Regierungsstraße 4/6 Tel. 3 37 41

Fotonachweis
Werner Klapper: 6/7, 10, 15, 18, 19, 20, 22, 28, 43 u.
Torsten Krüger: 14, 45, 47
Rüdiger Lubricht: 26, 48
Magdeburg-Information: 2/3 (Stuttgarter Luftbild Elsässer GmbH)
Alle anderen Fotos: Krenzke

Der Autor
Hans-Joachim Krenzke, 1946 in Magdeburg geboren, wuchs in Gommern, Berlin, Torgau, Zella-Mehlis, Schwerin, Hoyerswerda und Freiberg auf, bevor er in seiner Geburtsstadt seßhaft wurde.

In der fast 1200 Jahre alten Stadt an der Elbe ist er als Buchautor, Publizist und Fotograf tätig.

Im Verlag Atelier im Bauernhaus erschienen von ihm bislang: „Königskrone und Tandaradei“, „Mecklenburg-Vorpommern“, „Magdeburg. Eine kulturvolle Stadtführung“ und die mit Wolf-Dietmar Stock gemeinsam herausgegebene Kunst-Gedicht-Mappe „Blütenfest“.

Atelier im Bauernhaus
28870 Fischerhude
Druck: Zertani
Stadtplan: Marianne Liermann

Silbernes Pilgerzeichen aus dem 12. Jahrhundert – gefunden in der Magdeburger Elbfurt